그러므로 너희는 이렇게 기도하라

하늘에 계신 우리 아버지여

이름이 거룩히 여김을 받으시오며 나라가 임하시오며

뜻이 하늘에서 이루어진 것 같이 땅에서도 이루어지이다

오늘 우리에게 일용할 양식을 주시옵고

우리가 우리에게 죄 지은 자를 사하여 준 것 같이 우리 죄를 사하여 주시옵고

우리를 시험에 들게 하지 마시옵고 다만 악에서 구하시옵소서

나라와 권세와 영광이 아버지께 영원히 있사옵나이다 아멘

(마태복음 6:9-13)

글 | 오성택

고등학교와 대학교를 미국에서 졸업하고 현재 총신대학교 신학대학원에서 목회학(M. Div) 과정을 이수 중에 있으며, 함께 지어져 가는 교회에서 중고등부 사역을 담당하고 있다. 하나님을 알아가는 기쁨을 다른 이들과 나누는 것을 즐거워하며 더 많은 사람들과 하나님에 대해 이야기하고 싶어 하는 청년이다. 지은 책으로는 〈하늘을 닮은 흙〉이 있다.

글 • 그림 | 정양권

한국과 프랑스에서 디자인과 그림, 사진을 공부했다. 아이슬란드 NGO에서 사진 프로젝트 기획자이자 교육자로 일을 했고, 한국에서는 서헌강 사진 연구소와 문화재청 산하 기관들과 함께 한국 문화재를 사진으로 기록하는 일을 했다. 땅끝 선교사의 소명을 품고, 미국에 위치한 Trinity Evangelical Divinity School(TEDS)에서 목회학(M. Div)을 공부하였다. 현재는 복음을 글과, 그림, 그리고 사진으로 선교하는 삶을 살고 있다. 지은 책으로는 〈하늘을 닮은 흙〉, 〈세상에서 땅끝으로〉, 〈빛이 되어라〉, 〈일곱 날의 빛, 아이슬란드〉, 〈길을 잃고 너를 만나다〉가 있다.

하늘을 만난 흙

주기도문

프롤로그

'하늘을 만난 흙' 이야기는, '예배자의 방향성'이란 주제로, 전작인 '하늘을 닮은 흙'의 후속편으로 만들어진 동화책입니다. '하늘을 닮은 흙'에서는 예배자가 되는 기준에 대해서, '하늘을 만난 흙'을 통해서는 주기도문의 구조와 내용안에서 예배자의 방향성에 대해 말합니다. 그리고 본 동화책은, 저자들의 실제 경험들을 바탕으로 제작되었습니다. 정양권 저자는 거듭남을 경험 후, 하나님이 그를 데려간 곳이 '아프리카 대륙'이었다고 고백했습니다. 아는 이 하나 없고, 어디에서 무엇을 해야 할지 몰랐던 그곳에서, 그가 누구인지, 하나님이 누구신지에 대해서 기도를 통해 훈련받고 성장하는 시간이 되었다고 합니다. 오성택 저자는 매일매일 마주하는 치열한 영적 전투 경험들이 광야에서 사탄의 시험을 받는 이스라엘 백성과 같음을 고백했습니다. 동시에, 모든 사탄과의 전쟁에서 이기실 수 있는 분이 오직 하나님뿐임을 간증하였습니다.

하나님의 자녀들은 모두 같은 고백을 합니다. 이 땅 위에서 사는 모든 순간이 사탄과 전쟁 중이다는 사실과 하나님만이 사탄을 이기실 수 있는 분이심을요. 그래서 하나님의 자녀들은 기도합니다. '기도'가 아버지 하나님이 오직 그의 자녀들에게만 주신 선물임을 믿기 때문입니다. 또한 기도하지 않으면 시험에 빠져, 죄를 잉태하여 사망을 낳는 삶을 산다는 두려운 사실을 알기에 하나님의 자녀들은 항상 기도합니다. 하나님의 사랑을 힘입어 살 수 있게 된 사실을 잊을 수 없고, 그의 사랑으로 모든 원수를 사랑하게 되는 기적 같은 일이 삶 속에서 일어남을 믿기 때문입니다. 이 책을 통하여 하나님께 받은 사랑을 더 선명히 기억하는 시간 되시길, 그 사랑을 주위의 모든 사람들에게 나누는 자 되시길 기도합니다.

선한북스

하늘에 계신 우리 아버지여!

산 속에서 호랑이가 어흥어흥
물 위에서 흰고래가 찰랑찰랑
빙산에서 북극곰이 씰룩씰룩

모든 생명이 온 몸으로
하늘을 향해 찬양을 부르네요.

농부가 흙을 보며 말했어요.
"흙아, 이 아름다운 세상을 보렴.
 하늘에 계신 분께서 이 모든 것들을 창조하셨단다."

흙이 얼굴을 빼꼼히 내밀며 물었어요.
"저는요?"
농부가 활짝 웃으며 대답했어요.
"너도 하늘이 만드신 것이지."

흙이 궁금함을 참지 못하고 또 물었어요.
"농부는요?"
농부는 따뜻한 미소를 지으며 대답했어요.
"나도 하늘로부터 왔지.
 우리 아버지는 하늘에 계신단다."

반짝이는 눈으로 흙이 물었어요.
"우리 아버지는 어떤 분이신가요?"
흙을 사랑스럽게 쳐다보며 농부가 답했어요.
"우리 아버지는 거룩하신 분이시지."

흙에게 '거룩'이라는 단어는 너무 어려웠어요.
"잘 모르겠어요. 아버지를 만나보고 싶어요!"
농부가 흙의 손을 꼭 잡으며 말했어요.
"나와 함께 아버지를 만나러 가자."

흙은 농부의 손에 이끌려
알 수 없는 곳으로 여행을 떠났어요.

강렬한 햇빛에 숨이 턱턱 막히고
붉은 모래만 가득한 낯선 곳에 도착했어요.

처음 보는 풍경에 어리둥절하며 흙이 물었어요.
"여기는 어디인가요?"
농부가 흙의 손을 꼭 잡으며 말했어요.
"이곳은 사막이란다."

흙은 농부가 왜 아무것도 없는 사막으로
자신을 데려왔는지 아무리 생각해 봐도 이해가 되지 않았어요.

갑자기 사방에서 하늘을 덮을 만큼
거대한 모래바람이 불어왔어요.

흙은 무서웠고 불안했어요.
"앞이 보이지 않아요! 농부님! 어디에 계세요?"
농부가 흙의 손을 꼭 잡으며 말했어요.
"나는 항상 네 옆에 있단다. 두려워 마!"

흙은 농부의 손을 꼬옥 붙잡았어요.

모래바람은 점점 더 세게 불었어요.
흙이 불평하기 시작했어요.

"목이 마르고 배도 고파요!
 이러다 쓰러져 죽겠어요!"

농부는 옆에서 기도하기 시작했어요.
"하늘에 계신 우리 아버지!
 오늘날 우리에게 필요한 모든 것들을 다 아시고,
 우리가 가야 할 길을 인도해 주실 줄 믿습니다."

농부가 기도를 마치자,
눈앞을 가리던 거대한 모래바람이 사라졌어요.

그리고 흙과 농부의 눈앞에 한 집이 나타났어요.
그 집은 커다랗고 단단한 바위 위에 서 있었어요.

신 32:13

농부가 문을 두드리며 물었어요.
"안녕하세요?
 저희는 이 길을 지나는 나그네들입니다.
 안에 누구 없나요?"

집 주인이 문을 열며 농부와 흙을 반겨주었어요.
"안녕하세요. 제 이름은 만나에요.
 어서 들어오세요."

만나는 농부와 흙에게 음식을 대접했어요.
구름처럼 생긴 음식은 농부와 흙에게 새 힘을 주었어요.

농부와 흙은 떠날 준비를 했어요.
만나는 그들을 위해 시원한 물과
따뜻한 도시락을 챙겨주었어요.

다시 길을 떠날 생각을 하니,
흙은 앞이 캄캄했어요.
어디로 가야 하는지 몰랐기 때문이에요.
반대로 농부는 기쁨으로 가득 차 있었어요.
가야 할 길과 아버지의 뜻이 무엇인지
온전히 알았기 때문이에요.

흙은 살기 위해,
길을 아는 농부의 발걸음을 따라가기로 결심했어요.

요 14:6

아무것도 없는 땡볕 아래 누군가 쓰러져 있었어요.
농부는 그에게 다가가 물과 음식을 주었어요.

그가 눈을 떴어요.
"정말 감사해요! 당신이 제 생명을 구해주셨어요.
 제 이름은 주다라고 해요."

가야 할 길을 알지 못하고
몸과 마음이 모두 지쳐있던 주다도
아버지를 만나러 간다는 농부와 흙과 함께 가기로 했어요.

뜨거운 낮이 지나가고 추운 밤이 찾아왔어요.

하늘에 수많은 별들이 보였어요.

흙은 큰 별들을 하나 둘 이어보았어요.

흙이 깜짝 놀라며 외쳤어요.

"우와! 반짝반짝 빛나는 왕국이다!"

빛으로 가득한 밤하늘을 실컷 보며,

흙은 스르륵 잠에 빠졌어요.

흙은 꿈속에서 농부와 함께 신나게 춤을 추었어요.

새로운 날이 시작되었어요.
농부와 흙, 그리고 주다는 걷고 또 걸었어요.
마침내 하얀 산 앞에 도착하게 되었어요.
모두들 피곤함을 이기지 못해,
나무 그늘 아래에서 잠시 쉬어 가기로 했어요.

농부와 흙이 잠든 사이에,
주다가 가방을 훔치려고 했어요.
이상한 기척을 느낀 농부가 일어나자,
주다는 농부를 밀치고 도망갔어요.
농부의 몸에 상처가 나고 피가 났어요.

흙이 주다를 잡으러 쫓아갔지만 이미 주다는 사라졌어요.
흙은 배신자 주다가 너무 미웠어요.

농부가 흙에게 담담히 말했어요.
"나는 주다를 찾아볼 생각이란다.
 주다는 분명 길을 잃었을 거야.
 주다를 찾아 죄를 용서해 주고 다시 함께 길을 걷자.
 내가 돌아올 때까지 여기서 잠시 기다리고 있으렴."

흙은 배신자 주다를 찾으러 가는 농부를 이해가 되지 않았어요.
흙은 농부에게도 심술이 나기 시작했어요.

농부가 주다를 찾으러 떠난 사이,
누군가 흙에게 다가와 말을 건넸어요.
"안녕! 난 해라라고 해.
 넌 누구니? 어디에서 왔니?"

흙은 해라에게 지금까지 농부와 함께한 여행 이야기와,
농부가 돌아오면 하늘 아버지를 만나기 위해
하얀 산꼭대기로 갈 계획을 말해주었어요.

해라는 흙에게 친절하게 속삭이며 말했어요.
"나도 하늘에 계시는 분을 잘 아는데…"

해라가 확신에 찬 목소리로 흙을 설득했어요.

"하늘에 계신 분은 아무나 만나 주지 않는단다.
 그 누구의 도움도 없이 너 혼자서 노력을 해야 해.
 지금까지도 잘 해왔잖아?
 너 자신을 믿고 혼자 길을 떠나보는 거야!"

농부는 흙에게 기다리라고 했지만,
흙은 눈앞의 산꼭대기를 보자,
혼자서도 갈 수 있겠다는 생각에 사로잡혔어요.
그렇게 결국 흙은 홀로 여행을 떠나게 되었어요.

흙은 자신만만했어요.
심지어 빨리 가기 위해 아찔한 절벽 위를 걷기 시작했어요.
그러던 중, 갑자기 뒤에서 누군가 흙을 밀었어요.

해라였어요.
"나는 네가 혼자 있는 이 순간만을 기다렸다.
 너는 결코 하늘에 계신 분을 만날 수 없어!"

흙은 구르고 또 굴렀어요.
돌과 나뭇가지에 온몸이 찢어지고 멍들었어요.
흙은 자신이 곧 죽겠다고 생각했어요.

정신을 잃기 바로 전, 흙은 마음속으로 간절히 외쳤어요.
"하늘 아버지! 저를 살려주세요!"

오랜 잠에서 흙이 깨어났어요.

흙 옆에는 농부와 주다, 그리고 만나도 함께 있었어요.

농부가 기쁨의 눈물을 흘리며 말했어요.

"흙아! 괜찮니?"

흙도 농부를 보고 울기 시작했어요.

"죄송해요 농부님. 혼자서 할 수 있다고 생각했어요.
 저를 용서해 주세요."

"괜찮아, 흙아.
 너를 다시 찾아서,
 네가 살아있어서, 감사할 뿐이란다."

흙은 온몸을 다쳐서 걸을 수 없었어요.

그때 주다가 말했어요.

"제게 업히세요."

주다의 등에 업혀 산을 오르는 동안

주다가 흙에게 나지막한 목소리로 말했어요.

"제가 잘못했어요. 저를 용서해 주세요."

흙이 다정한 목소리로 말했어요.

"피 흘리신 농부가 당신을 용서했잖아요.

 그분이 내 죄를 용서해 주신 것처럼

 나도 당신을 용서해요."

농부의 사랑으로

흙과 주다는 용서를 받았고,

서로 용서 할 수 있게 된거에요.

마 6:14-15

마침내 모두 함께 산꼭대기에 도착했어요.

흙이 농부에게 물었어요.
"하늘 아버지는 어디에 계시나요?"
농부가 말했어요.
"눈을 들어, 하늘과 땅을 보렴."

흙이 산 위에서 산 아래를 내려다보니,
지금까지 농부와 함께 걸어온 길들이 보였어요.

산 아래 넓은 세상이
어두운 밤하늘을 수놓았던
그 빛나는 나라와 닮아 보였어요.

신 32:10-12

하늘 아버지는 흙을 눈동자처럼 지키시기 때문에,

흙은 더 이상 어떤 시험도 두렵지 않고, 어떤 원수도 미워하지 않아요.

흙은 찬양해요, "위대하고 거룩하신 우리 아버지여!"

마 6:9-10

발행일	2023/05/01
글	오성택 정양권
그림	정양권
편집	윤형선 오은량
디자인	정양권
기획	오성택 정양권
인쇄	서상우
발행인	정양권
이메일	sunhanbooks2021@naver.com